How To 青春期实验室

HOW TO?

如何获得真诚的友情

朱雀为夏——著

中国妇女出版社

图书在版编目（CIP）数据

如何获得真诚的友情 / 朱雀为夏著. -- 北京：中国妇女出版社，2022.9
（how to青春期实验室）
ISBN 978-7-5127-2143-2

Ⅰ. ①如… Ⅱ. ①朱… Ⅲ. ①人际关系学－青少年读物 Ⅳ. ①C912.11-49

中国版本图书馆CIP数据核字（2022）第116756号

责任编辑：陈经慧
封面设计：末末美书
责任印制：李志国

出版发行：中国妇女出版社
地　　址：北京市东城区史家胡同甲24号　　邮政编码：100010
电　　话：（010）65133160（发行部）　　65133161（邮购）
邮　　箱：zgfncbs@womenbooks.cn
法律顾问：北京市道可特律师事务所
经　　销：各地新华书店
印　　刷：北京通州皇家印刷厂

开　　本：145mm × 210mm　1/32
印　　张：4.625
字　　数：88千字
版　　次：2022年9月第1版　　2022年9月第1次印刷
定　　价：36.00元

目录

CONTENTS

Chapter 3
解决矛盾——对不起，没关系

Chapter 4
友谊需要呵护——你与我的边界

Chapter 5
我们相似又不同

Chapter 6
关于友谊，或许你还有这些困惑

Chapter 1

初识

——很高兴认识你

来到了新环境

你都考上咱们市最好的高中了，
怎么还不高兴呀？

我所在的班级里一个认识的朋友都没有。

我倒是想去陪你，可惜分数不够。

想想每天放学后都会孤孤单单
地回家，心里就好难受。

如果放学路上一个人太孤单，
你就给我打电话，我陪你说话。

朱雀姐姐：

我是一个特别念旧，性格又有点内向的女孩。每次升学调换班级，我都很害怕。到了一个新环境后，我总是忐忑不安，觉得自己与周围的环境格格不入。尤其是下课后，看着别的同学在一起说说笑笑，我就更加手足无措，连路过走廊时都会低着头，谁也不敢看。我很怀念原来的学校、原来的朋友，也很担心自己在新的环境会一直孤单。我该怎么办呢？

渴望融入群体是我们与生俱来的本能，面对新环境有些紧张也是很正常的。既然你能够在原来的学校交到朋友，来到新环境中，你也一定不会孤单！想顺利地融入新环境、结交新朋友，你可以尝试下面的方法。

▪ 良好的外在形象

身体洁净：指（趾）甲修剪整齐，头发清爽不油腻，牙齿洁白，面部洁净。

气味清新：口腔中没有异味，没有浓烈的体味，鞋袜没有臭味。

着装得体：日常生活中要注意着装整洁得体，不要让人觉得很邋遢。

■ “问”字诀

你可以先观察一下周围哪位同学看起来比较热情、和善，然后可以这样问他：

1. “你能借我看一下上节课的笔记吗？”
2. “你有红色水笔吗？”
3. “你知道学校食堂在哪里吗？”
4. “你之前是哪所学校的呀？”
5. “你也是 ×× 学校的吗？看着你很眼熟。”

写下你觉得合适的“问”字诀，选择其中一个问题作为开场白，然后顺势和对方交谈。记住，如果是以让对方帮忙为前提，一定要选择举手之劳的小事情，比如，找对方借一本书、借一支笔等。而且不要过于频繁，要懂得及时回馈对方，不要给对方造成你在占小便宜的感觉。

▪ 一起做点什么吧

和同学结伴去食堂、回宿舍等，都有助于让彼此之间的关系熟络起来。以去食堂吃饭为例，你可以这样做：

主动上前问："中午你准备吃什么？"

对方回答后，你可以说："一会儿咱们一起去吃饭好吗？我对学校环境还不太熟悉。"

另外，约同性别的同学会好一些，因为约异性同学会让他（她）感觉不好意思或者很唐突。

一般情况下，只要对方不是提前约了其他人，都不会拒绝你。但如果对方拒绝了你，你可以这样说："行，没关系的，我自己去熟悉一下！"这样既化解了尴尬，又给人一种很大方的感觉。

如果下楼时遇到其他同学也可以搭话："你们是去食堂吃饭吗？"

如果他们的回答热情友好，就可以说："我和你们一起去！"如果他们的回答并不是很热情，可以轻松地说："我先走啦，回头见。"

应该怎样自我介绍？

今天是咱们班第一次开班会，每位同学做一下自我介绍，大家相互了解一下！小强，你先上台自我介绍一下吧

老师，我还没准备好……

朱雀姐姐：

每次需要自我介绍的时候，我都不知道该怎么介绍自己。一方面我希望给其他同学留下一个好印象，另一方面又怕过于展示自己像是在自吹自擂。我该怎么办呢？

自我介绍可以分为正式的自我介绍和非正式的自我介绍。正式的自我介绍包括在班会上、社团中以及参加各种比赛等场合时介绍自己。非正式的自我介绍主要包括向室友、同桌以及参加聚会时介绍自己。

▪ 正式的自我介绍

正式的自我介绍可以从以下几方面展开。

姓名

如果你的名字有特殊的含义，可以用一句话概括，让它成为一个亮点。但不要用太长的篇幅，毕竟同学们对你的姓名关注度不会持续太久。

比如，可以这样自我介绍：“我叫朱雀为夏，因为我出生在夏天，而朱雀是一种美丽的鸟，是中国古代神话中的南方之神。”这样，既可以让同学们知道你的名字，也可以给大家留下深刻印象。

毕业学校

通过对毕业学校的介绍，如果有的同学和你是同一所学校毕业的，在心理上会增加一些亲近感，或许你们还有共同认识的朋友呢。

比如，可以这样说:“我之前在 ×× 学校就读。”

爱好

如果你觉得直接说自己擅长什么会显得有点“王婆卖瓜，自卖自夸”，可以尝试用“我平时喜欢 ××”的方式进行介绍。

比如，可以这样说:

1.“我平时挺喜欢打篮球的。”

2.“我平时挺喜欢跳街舞的。”

3.“我平时挺喜欢做物理实验的。”

另外，想扩展自己的朋友圈或者找到与自己有相同或相似爱好的朋友，可以顺便提出“组团”邀约，比如，可以这样说:“我喜欢画画，经常去公园写生，如果咱们班有同学也喜欢画画，周末可以一起去。”

可提供的帮助

帮助他人不仅可以让自己收获快乐，还可以在你来我往的互帮互助中建立友情。

但是，要在自己的能力范围内帮助他人，不要逞能。

比如，可以利用自己的优势科目去帮助他人：

“我的数学成绩还不错，如果你遇到难题，可以找我一起讨论。”

“我的课堂笔记做得还不错，如果你需要，可以借去看。”

试一试

从以上四方面写一份自我介绍吧！当然，如果你有其他想添加的内容也可以补充哟！

■ 非正式的自我介绍

非正式的自我介绍往往是一对一或者几个人之间的对话，

所以，重点要放在你一言我一语中的“情境感”和“对话感”上，避免自顾自的长篇大论。

以在寝室初遇室友为例:

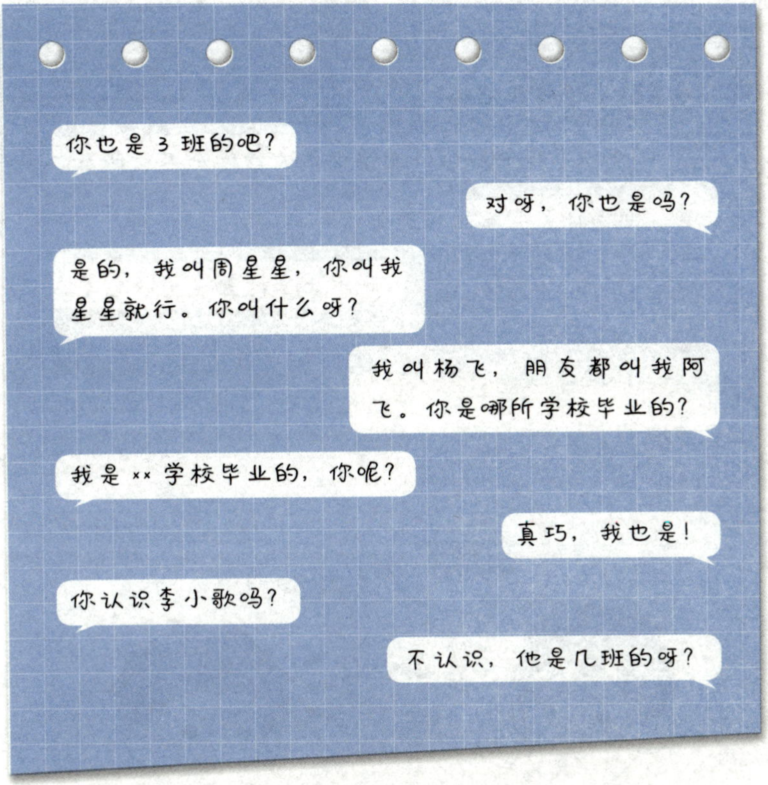

无论是正式的自我介绍还是非正式的自我介绍，热情友好的态度都是最重要的。好的自我介绍重点在于让大家感受到你的热情与随和，了解你的喜好与特长，千万不要自命不凡地“博眼球”哦！

“发射”你的交友信号了吗？

我看起来很难相处吗？

刚刚认识你的时候，觉得你不太想和别人交朋友。

啊？你为什么会有这种感觉呀？

说不上来，就是一种感觉。

朱雀姐姐：

我发现有些人能够吸引别人主动和他交朋友。但不知道为什么，不认识我的人会觉得我很难相处，或者觉得我不喜欢和别人交朋友，所以很少有人主动和我交朋友。我该怎么办呢？

仔细观察一下你身边的同学，你会发现有些同学会发射一种“交友信号”，让人想要与之亲近；而有些同学会发射一种“拒绝交友信号”，让人觉得主动和他说话会被拒绝。

其实，微笑是非常重要的“交友信号”，一个面带微笑的人“发射”出来的信号是：

1. 乐于社交。

2. 心情很好。

3. 友善。

4. 给人带来安全感。

一张“扑克脸”的人“发射”出来的信号是：

1. 我是一匹来者不善的“孤狼”，麻烦你离我远点。

2. 我的心情很糟糕。

3. 敌视他人。

4. 危险分子。

在人们的第一印象中，喜欢微笑常常意味着身心健康、乐于社交、人生顺畅、真诚亲切。大家都愿意与爱微笑的人交往。所以，微笑是社交中亲近对方的法宝。

另外，有些人喜欢扮“高冷”，对什么都表现出一副不屑一顾的样子，其实他们也想和别人建立感情，无奈他们缺乏社交沟通能力以及塑造亲密关系的能力。当然，你也没有必要为了耍酷而装“高冷”，这是一种危险的社交方式，除非对方对你可能有所图，不然没人愿意冒这种风险接近你。

或许你还会问：“我笑起来表情特别僵硬怎么办？”你可以尝试下面的练习：

每天晚上睡觉前对着镜子里的自己微笑 1 分钟，带着让你满意的微笑入睡。当然，也可以在早上起床后练习。慢慢地，你的面部肌肉就会习惯微笑这个动作了！

试一试

当然，除了微笑之外，还有其他的“交友信号”，你可以通过观察那些人缘好的同学的行为举止，把自己看到的“交友信号”补充上哦！

交友信号

1. 友善的眼神；

2. 放松的肢体语言；

……

如何平衡新朋友和老朋友之间的关系呢？

干吗呢？怎么不回我消息呀？

刚和朋友逛街呢！什么事呀？

没什么事，你玩吧。

朱雀姐姐：

我最近交了一些新朋友，认识他们让我很开心。前几天，之前的老朋友跟我说他很不高兴，他觉得我在疏远他，没有原来那么在乎他了。但是，我不是故意疏远他，只是课余时间我也会和其他新朋友一起玩。我不想让他不高兴，但也想和新朋友一起玩。我该怎么办呢？

人生就像一辆列车，每一站都会有人上车和下车，我们会和很多人相遇，也会和很多人分离。如果一生中能有这样一个朋友：即便许久未见，远隔千里，依然会时刻惦记你，把你当作一生的朋友，在你遇到人生低谷的时候不会幸灾乐祸，在你取得成功的时候真心为你高兴，那才是弥足珍贵的。

如果你有这样的朋友，一定要珍惜。

不过，我们在生活中肯定不止一个朋友，每个人都会不断地结交新朋友。当我们和新朋友相处的时间变多时，陪伴老朋友的时间就会变少，老朋友心中难免会有一些失落感。如果遇到这种情况，你可以尝试下面几种方式。

▪ 让老朋友知道你很在乎他

有时候，老朋友不是因为你和新朋友相处的时间多而不开心，而是因为你不再在乎他而难过。所以，让老朋友知道你心里依旧很在乎他吧！

▪ 别忘了经常一起做的事

比如，你们经常一起在周末下午打篮球，这已经是约定俗成的事情了，那就尽量不要改变这些“老规矩”，尤其不能让新朋友占用这段时间，否则很容易让老朋友产生被替代的感觉。

▪ 让质量替代数量

如果因为分班或者学校不同，你们没办法像之前一样经常在一起，可以想办法提高每次见面的质量。比如，一起出去玩的时候，少玩手机，多和朋友一起欣赏美景，多说些知心话，品尝一些你们之前没吃过的小吃，等等。

▪ 相约在重要的日子

比如法定节假日、暑假、寒假或者对方生日的时候，抽时间和老朋友聚一聚。

▪ 介绍新朋友给老朋友认识

如果你的新朋友和老朋友都不介意，可以介绍他们互相认识，这样大家就可以一起玩了。或许你会担心，万一他们相处不好怎么办？关于这一点，你能做的是介绍他们互相认识，并非一定让他们成为朋友，大家认识后如果能成为朋友当然很好，如果实在合不来，也不必强求。

试一试

你有其他可以平衡新朋友和老朋友之间关系的方法吗？把你的想法写下来吧！

我的朋友很少怎么办?

宝贝，周末你怎么不出去玩呀?

没什么好玩的。

怎么了，和朋友闹矛盾了?

没有啊。

那你这是怎么了?

唉，没事的。妈妈，你别担心了。

朱雀姐姐：

很多人说我性格孤僻，但谁喜欢孤零零的一个人上学，一个人放学呢？只是我的朋友一直很少，可能是我性格比较内向吧，说话时也很容易紧张。一直以来，我都很羡慕性格外向的同学，他们身边总有很多朋友，每天都不孤单。我该怎么办呢？

关于交朋友这件事，或许你觉得有一个朋友就很好，别人觉得朋友三五成群挺不错。其实，只要自己觉得开心就好。

朋友少未必就不好，朋友多也未必是好事。

一个人比较容易害羞或者性格腼腆是很正常的，不过如果交朋友缺少合适的方法或者对社交很有压力，就容易影响人际交往。

如果你比较容易害羞，在陌生场合容易紧张，那么可以先适应环境，不要急于第一时间去交朋友，等你对新环境的紧张感消失了，再进行社交活动也不迟。

出现朋友少的情况可能有以下几个原因。

▪ 对朋友的要求比较高

每个人交朋友都有自己的标准，当我们对朋友的要求太高时，符合标准的朋友就会少一些。如果因为要求太高而交不到朋友，不妨把交友条件适当降低。要明白人无完人，学会多包容他人，这样你会发现适合你的朋友变多了。

▪ 社交能力弱

能否交到朋友其实与性格并没有太大关系，而是与社交能力有关。即便是性格内向的人，与之相处也会让人感到很舒服。

▪ 宅男 / 宅女

如果你总是一个人待着，不给自己结交朋友的机会，怎么可能结交到朋友呢？

那么，如何扩展朋友圈呢？下面几种方法可供参考。

▪ 参加学校社团

在学校社团里，我们更容易遇到志同道合的朋友。因为有同样的兴趣爱好，所以容易找到共同话题，成为朋友的可能性就更大。

▪ 参加课外兴趣班

除了参加学校社团外，你还可以参加课外兴趣班，让你的朋友圈扩展至校外。

▪ 主动结交朋友

无论想实现什么目标，守株待兔都不是一个好的选择。很多事情不是“想要”就能“得到”，而是需要我们为之付诸行动。

这里需要强调一点，主动结交朋友不等于刚认识就和对方说“你能不能做我的朋友”，这会让对方感到尴尬。因为你们刚刚认识，彼此之间的心理距离还很远，只有熟悉之后，有了共同语言，才能成为朋友。

▪ 具有吸引力的特质

真诚

要懂得真诚地面对他人。如果总想占便宜，那么时间长了，即使再好的朋友也会与你渐行渐远。

友善

一个神情冷漠、对他人要求苛刻的人很难拥有朋友。

乐观

认真生活的人往往会受到大家的欢迎，这样的人就像一个小太阳，让和他相处的人心里暖洋洋的。反之，如果一个人对生活过于悲观，遇到事情只会抱怨或唉声叹气，那么大家和他相处时就容易被负面情绪影响，会不由自主地想远离他。

尊重他人

只有尊重他人才能得到他人的尊重，没有人愿意和不尊重自己的人做朋友。

高情商

一个喜欢发脾气的人和一个心平气和的人，你更想和谁做朋友呢？

情商高不仅表现为会说话，更重要的是能够管理自己的情绪以及对他人情绪的感知。

试一试

今天我们玩一个“侦探”游戏，寻找一个“神秘人”。

这个“神秘人”——他/她，虽然平时话不多，有时还很腼腆，但是他/她人缘很好。

在你认识的同学、老师、朋友、家人中去寻找这样一个人，然后分析一下他/她受欢迎的原因，并把你的评价写下来吧！

朋友总是对我忽冷忽热怎么办？

刚看到一个电影宣传片，觉得很好看，周末要不要一起去看呀？

爸妈要带我去看姥姥。

好吧。

要不咱们下周末去看？

到时候再说吧。

朱雀姐姐：

我有一个朋友，她有时候对我挺热情的，比如，在学校里会主动和我打招呼，课间我们聊天也聊得挺开心的；但有时候她对我又很冷淡，比如，我周末叫她一起出去玩，她总是拒绝，她和其他朋友玩的时候也不会约我一起玩。这是怎么回事呢？我该怎么办呢？

刚刚信中描述的这种情况，很可能是因为对方和你还没有达到朋友关系的程度，只能算是普通同学关系，所以平时聊天还可以，但是做一些涉及隐私的事情，她就觉得不太合适了。

关于朋友之间关系忽冷忽热还有这样几种情况。

▪ 没把握好分寸感

人与人之间刚刚认识的时候最忌讳社交时缺乏边界感。我们可以主动进行社交，但不要刚认识就拉着别人“掏心掏肺”地聊天。比如，见面就跟对方说：“我知道你最近不开心，要不要和我聊一聊？”

对方和你根本不熟悉或者只是点头之交，他怎么可能会和你深聊呢？这样做的结果只会是“碰一鼻子灰”。

心理学中有个专业词汇叫作“自我表露”，意思是告诉另外一个人关于自己的信息，真诚地与他人分享自己个人的、秘密的想法和感受的过程。

需要特别说明的是，自我表露的程度与关系亲密的程度呈正比。

聊天的过程就是自我表露的过程，就如同跳探戈一样，要有来有往，才能逐步达成默契。如果在初识阶段就询问让对方“自我表露”的事情，会让对方产生非常不舒服的感受。比如，问对方是不是在暗恋某人，或者跟对方说“我有个秘密你想不想知道”。即便初识阶段对方对你印象不错，但你的行为让他产生不适感后，他也会疏远你，进而形成相互关系忽冷忽热的循环，甚至彻底拒绝和你交往。

▪ 说话时没有顾及对方的感受

聊天的时候经常说一些让对方觉得不高兴的话，或者做事情时总是伤害到对方，让对方觉得难堪、愤怒、委屈等，当对方生气后，难免会疏离你。这时他可能还想继续和你做朋友，等他的气消了，就会原谅你。但是人与人之间的感情是需要用心呵护的，再深厚的友谊也经不起一次又一次的蹂躏。

▪ 彼此的时间安排不同步

有时候对方没有答应你的邀约或者没有及时回复你的信息，可能是因为他的确有其他事情，比如，周末的时候你邀请朋友去玩，但他早已安排好要去学钢琴。每个人心中事情的重要程度不同，即便是朋友，我们也不能要求对方和我们的时间安排完全同步。和朋友相处，只需在你们彼此闲暇的时候相聚，并感到快乐即可，而不要总是黏在一起。

▪ 表面朋友

有一种朋友是“表面朋友”，平时看似和你玩得不错，却不愿意让你融入他的生活，有时甚至会贬低你。这样的“朋友”，实际是在看轻你的个人价值。如果是这种朋友，你也不必在乎他忽冷忽热的态度，远离他反而是更好的选择。

试一试

你有对朋友忽冷忽热的情况发生吗？当时是什么原因造成的呢？把你的故事写下来吧！

Chapter 2

友谊升温

——我想和你做朋友

应该和朋友聊些什么呢？

我和别人打完招呼之后就不知道该聊什么了……

我和刚认识的人也会这样。不聊天感觉很尴尬，聊天又怕对方觉得我没话找话。

我跟你的感受一样！

朱雀姐姐：

我不太擅长和别人聊天，一直不知道该和别人聊什么话题。我想问一问，聊天的时候应该聊些什么呢？

和他人所处的关系阶段不同，聊天的话题是不同的哟！

从陌生人“进化”到好朋友，往往需要经过五个阶段，即陌生—认识—泛泛之交—普通朋友—知己。

不同的关系阶段，聊天的深度也不同。下面我为大家详细地讲一讲每个关系阶段适合聊什么话题吧！

▪ 从陌生到认识

两个人基本上没有说过话，意味着无自我表露。

如果我们想和对方建立良好关系，顺利地从陌生阶段升级到认识阶段，首先要做的是“打招呼”。打招呼是一种双方都会觉得安全的社交形式，也是在社交中两个人相识之初该有的分寸感。打招呼常常意味着聊天的开始，当然，如果你们刚刚认识，只简单地打个招呼也可以。

如果想继续推进彼此的关系，需要牢牢记住一点，那就是尽量态度真诚、流露善意，让对方放下戒备和你接触。

▪ 从认识到泛泛之交

当你们有过简单的对话，之后见了面会互相打招呼，那就到了认识的阶段。对于只是认识的人，自我表露程度也是比较低的。

到了认识的阶段，如果想升级你们之间的关系，除了每次见面打招呼外，渐渐地可以找一些话题聊聊。聊什么呢？可以分享一些你们感兴趣的事情，比如美食、爱看的书或电视剧、曾经在哪儿上学等。这些都是刚认识时比较适合聊的话题。

▪ 从泛泛之交到普通朋友

当对方乐意和你聊更深层面的内容超过三次，你们就到了泛泛之交的阶段。这时自我表露逐渐展开。

随着彼此之间感情的增进，你们聊的私人话题也会增多，并且随着关系的不断进展，聊天的内容会更加具有广度和深度。

在聊天的过程中，你可以发表你的观点，跟对方探讨你是如何看待一件事情或如何看待一个人的行为。

在发表观点时，除了自我展示、发泄表达欲外，也是在互相了解对方对一件事情的态度或对一个人的看法。

这个阶段是一个双向选择阶段，如果两个人对同一事物的认知相差甚远，就很难成为朋友或者发展为更亲密的关系，不然两个人相处会觉得不舒服。

▪ 从普通朋友到知己

当对方乐意和你探讨某件事情并发表自己的观点，你们就发展到了普通朋友的阶段。你们会谈论一些观点，但不会让对方看到完全真实的自己。这个阶段的自我表露程度处于中等水平。比如，经常一起吃饭、一起回家的同学。

在这个阶段，你们会彼此表达内心的情绪，这种情绪的发泄会让你们之间的关系变得更加亲密。比如，和宿舍中的其他同学发生矛盾后内心的感受。

随着你们之间亲密度的增加，你会将自己的小秘密和对方分享，聊的话题越来越私密。

那么，什么样的人才算是知己呢？每个人对知己的定义各有不同，但起码你们之间一定知晓对方的一些秘密，有着较为接近的“三观”和对对方的欣赏。这个时候自我表露程度较高。

摆脱“话题终结者”称号

我前两天和爸妈去海南旅游啦！

我前几年就去过了。我去三亚还学了深潜，教练说我特别有天赋。

你真棒！

这算什么。我和你说，我还……

朱雀姐姐：

我的口才非常好，经常参加演讲比赛，只要提起一个话题，讲上几小时都不成问题。但是最近我的一个朋友却说我是“话题终结者”，我很纳闷儿，这是怎么回事呢？是不是他对我有意见，所以才不想和我聊天呢？我该怎么办呢？

不是说得越多就是越会聊天哦！

每个人都渴望被看到、被接纳。只要你让对方感觉到你真的在乎他，并且毫无恶意，哪怕他平时是一个沉默寡言的人，他也会很乐意与你分享他的故事。当对方与你分享时，你不需要刻意地表示出你很好奇，只需用眼神告诉对方你在认真倾听，并不时地随着故事的进展问：“然后呢？后来呢？为什么会这样呢……”让对方感受到你的真诚就好。

为什么有些人能说会道，却成了“话题终结者”呢？可能是因为他不懂得倾听，经常打断对方的话。

▪ “爱当主角式”的斩断话题

当朋友跟你分享身边发生的事情时，不等朋友说完，便把话题接过去说个没完。你应该先把关注点放在朋友身上，听他说完事情的原委，再分享自己的故事。

▪ “爱显摆式”的斩断话题

显摆里包含的往往是通过比较贬低别人。

这种行为会让人觉得，我和你聊这么普通的话题都不被理解，如何跟你有更深一步的沟通呢？

为什么我的安慰没有用呢？

唉，我这次考试考砸了。

考砸一次有什么大不了的，我上次的考试成绩比你还糟呢。下次好好考就行了。

你不了解我的情况。

其实都一样，只要你好好学习，下次好好考就会没事的。

好吧。

朱雀姐姐：

最近我的朋友因为考试失利心情很不好。之前他和我说这件事情的时候我安慰了他，但是效果好像不好。虽然他再没有和我提过这件事，但我看得出来，他还是郁郁寡欢。为什么我的安慰没有用呢？

朋友难过的时候，或许你觉得用一些话可以安慰好他，但是有些话在当时的情况下可能不太合适。

■ “你一定可以挺过去的！”

在朋友情绪低落的时候，任何加油鼓劲的话都是一种负担。当你告诉他可以挺过去时，他可能心里会想：“我就是觉得受不了才向你倾诉，你现在和我说让我挺过去，你是不是根本不想听我倾诉，让我赶紧把情绪收起来呢？！”

这句话的另外一种表达方式是：“哦，没事的，一切都会好起来。”

虽然这两句话的表达形式不一样，但给人带来的感受却是一样的，都是在忽略、回避对方当下的情绪。你要明白，朋友的感受才是最重要的，你要做的是陪伴伤心的朋友。

如果想让朋友的情绪好转，就不要回避他的情绪，而应该让他知道你可以感受到他的情绪。

▪ “感觉这件事还好吧，我以前遇到的情况比你还糟糕呢！”

很多人在倾听别人讲述难过的事情时，脑海中会自动开启“地毯式”搜索，看看有没有能“拼”过对方的故事。他们以为用这种“比惨”的方式会让对方好受一点儿，但往往会适得其反。尤其当你表现出对方遇到的事情没什么大不了的表情时，既会显得轻视了对方人生经历的独特性，也会让对方觉得你是在质疑、否定他的情绪的合理性，让朋友觉得你是在说他太脆弱、太敏感、太矫情，还会让朋友觉得你根本不理解他的感受。

这句话的另外一种表达方式是:“我特别理解你的感受，我以前也……”

很多人误以为这是共情，其实真正的共情是能够理解对方的感受，而这种“共情”方式忽略了对方的感受。因为你只是在讲述曾经和他有过类似的体验，却忽视了更为重要的“对方当下的情绪”。

共情不是“是否有和对方一样的生活体验与感受”，而是认真倾听对方的经历，试着理解对方当下或当时的感受。

另外，还有人为了与对方“共情”，往往对方的话还没说完就抢着说：“我太懂你了，我以前也经历过……”“我理解你的痛苦（窘迫、难过、压力）。”“我感同身受……”这种无效的共情方式不会让朋友觉得你真的理解他，只会让人觉得你没有看到他的经历的特殊性，你只是想展现自己罢了。

▪“关于这个问题，你应该……”

在自己情绪不好的时候，没有人喜欢朋友高高在上地对自己进行“思想教育”。

作为朋友，如果你有非常中肯的意见要提，也要先观察对方的情绪，如果对方乐意听取你的意见，可以适当提，但不要高谈阔论，否则很容易让人不耐烦，并产生抵触情绪，这种提意见的方式对方很难接受。

▪“我好同情你呀！”

当遇到不顺心的事情时，大多数人更希望别人能理解他的不良情绪，但不希望对方可怜自己。

“同情”往往意味着居高临下，一旦有一方流露出“同情”的姿态，那么另一方难免会觉得自己被瞧不起了。

▪“别瞎想了，不是你想象中的那样！”

这句话的杀伤力之大，足以让一个原本只是生气的人变得怒火中烧。

这句话的另外一种表达方式是:“哎呀，你生什么气呀，犯得着生气吗？”

很多人在说这句话时觉得这样可以大事化小，小事化了，会让对方释怀，但事实上导致的结果往往是让对方更生气。因为对方会觉得你是在说他无理取闹，小心眼。

“不要生气了！”

“不要难过了！”

“不要那么在意嘛！”

这样的话都是在阻止对方宣泄不良情绪，不仅不会让朋友的情绪好转，还会让朋友觉得你在回避他的情绪，轻视他的痛苦，压抑他的感受。

这样的话很容易将朋友的情绪暂时压下去，让人误以为是自己的安慰起了作用。虽然朋友的确不再发火，但他以后可能不会再在你面前释放自己的情绪了。

亲爱的朋友，我该怎么安慰你？

你怎么了？怎么哭了呀！

我的手机丢了……

啊？别太难过了。

呜……

朱雀姐姐：

安慰别人是一件好难的事情，看到朋友伤心，我就会手足无措，安慰的话不知道该怎么说，也不知道该做些什么能让她的心情好起来。我该怎么办呢？

当朋友需要安慰时，我们可以尝试以下做法。

▪ 听

神情专注认真，倾听胜过千言万语。有时候说再多好听的话，不如用倾听来安抚他人的情绪更有效。在倾听的过程中，可以配合微微点头、目光的接触、错愕的眼神等神态(以上行为不要过于频繁)。

中间可以适时地用很愿意继续倾听的语气说：“然后呢？”“后来呢？”“嗯。”“啊？”“后面发生了什么？”

需要强调的是，你说完“然后呢”，不要因为对方沉默而急着说话，可以停留几秒钟再继续你们之间的交流。

另外，如果你没有什么急事，那就尽量耐心一些，不要安排其他的事情，把这段时间完整地留给朋友吧。

▪ 说

关于“说”，首先，你要用温和而坚实的语气和朋友说话，这样做既可以让朋友感觉到温暖，又让朋友觉得可靠、安心——用鼓励和接纳的态度让朋友安心地对你说出他的情绪、感受。

这里所说的鼓励不是喊口号，而是鼓励对方倾诉心中更多的压抑。鼓励的方式可以是直接提出你觉得重要的地方，也可以是重复对方所说内容的关键字。

比如:

“啊？那你怎么受得了？”

“那你打算怎么办呢？”

“接着呢？”

“后来发生了什么？”

“你们吵起来的时候，她说了什么？”

“你当时是怎么做的呢？”

其次，和朋友说话时要把“我”换成“你”。当你决定陪伴心情不好的朋友时，所有的关注点都要放在你的朋友身上，而不要急着去讲自己的事。

比如：

“听了你爷爷去世的事，我觉得特别难过。”×

“感觉你爷爷去世的事对你打击很大。”√

“我特别能理解你被流言蜚语中伤的感受。”×

“那些流言蜚语一定让你很难受吧。”√

“我太同情你了，我都不敢想象如果我遇上这样的事该怎么办。”×

“你简直太勇敢了！面对那些苦难，你都努力挺过来了。”√

同时，要把重点放在对方的感受上，并适当地肯定对方的糟糕情绪，而不是去评价和他有矛盾的人。

比如：

“你同桌可真坏呀！”×

“你同桌这么做，你心里肯定很难受吧。”√

“你妈妈怎么能这么说呢，她也太不理解你了吧！”×

“和你妈妈说出那些心里话，的确很需要勇气呀！”√

最后，用夸奖的方式表达理解。

对于大多数人来说，生活中从来不缺瞧不起与指责，缺的是支持与认可。

在他人倾诉的时候，用夸奖的方式表达理解比干巴巴地说一句“我理解你”更让人心情舒爽。

比如：

“我知道你的感受，我也很讨厌别人在背后对我说三道四。” ×

“木秀于林，风必摧之。你的能力太出众，很容易遭人嫉妒和非议。” √

“世上哪有完美的人呢，我也总感觉自己不够完美。” ×

“越优秀的人越在乎自己的短板，所以你总能通过反思让自己变得更优秀。” √

不过这样的话也不适合多说哦。

▪ 做

当朋友难过的时候，如果能陪在他身边做一些力所能及的事情，那就更完美了。

比如，你的好朋友发烧了，除了告诉他多喝热水，还可以直接倒一杯热水递到他手里或者给他买一些水果。

如果朋友因为一些问题暂时难以解决而情绪低落，比如，期末考试成绩不理想，这时候，你不要主动提及关于他考试失利的事情，也不要给他加油鼓劲，只要让他觉得你在他身边就好。另外，你可以和他聊一些他觉得有趣的事情，或陪他出去散散心也可以。

需要注意的是，不要执着于朋友一定会因为你所做的一切而让情绪变好。

会“听”比会“说”更重要

你到底有没有在听我说话？

怎么没有呀，我一直在听呢！

但我感觉你根本没有认真听。

咱们不就是聊个天嘛，那么认真干吗！

……真的不想理你了。

朱雀姐姐：

我觉得听别人说话比自己说话都累。别人说话的时候，我不知道该怎么回应对方，尤其是对方和我分享他的一些经历时。而且就是因为这个原因，我的一个好朋友还和我吵架了。其实我也想成为一个懂得倾听的人，但我不知道该怎么做。我该怎么办呢？

倾听不是敷衍，也不是一边刷手机一边偶尔回一句：“哎呀，没事的，你想太多了！”

那么，什么样的倾听方式才是正确的呢？那就是主动倾听。

主动倾听与应付式倾听的不同之处是：主动倾听不仅需要将注意力集中在对方身上，而且要跟着对方的思路及时捕捉对方传达出的信息，并做出积极的回应。

那么，什么是积极回应呢？

▪ 好奇式回应

比如：

“然后呢？”

“那是什么呀？”

“为什么呢？”

回应时语气要友好、态度要尊重。

■ 重复式回应

比如，对方说：“今天，我去文具店买笔，结果发现经常买的那支笔居然涨价了！”

你可以这样回应：“竟然涨价了？”

我们可以根据对方的语气调整自己的语气，比如对方的语气是惊讶的，你配合回以惊讶的语气就对了。

■ 鼓励式回应

比如：

“嗯嗯！”

“嗯，我能懂你说的意思。”

“对。”

“是的。”

“接着说。”

“抖机灵”的话不要说

你看过 ××× 漫画吗？

没看过，好看吗？

挺有趣的，是比较反传统的热血动漫，男主角特别逗。

那等我放假了去看看！

（某男同学跑过来）

这种动漫有什么好看的？听名字就很没营养。

朱雀姐姐：

我一直觉得自己是个挺有想法的人，从来不人云亦云，但是我的朋友却说我爱“抖机灵”，我也不知道为什么会给别人这种印象，难道发表一下个人意见有什么不对吗？

想成为一个有主见的人，首先要做的是不“抖机灵”。

“抖机灵”有三种表现形式。

▪ 第一种：“别人丢脸我快乐”

有的人喜欢拿自己擅长的事情去显摆或者嘲讽他人，看见别人出丑就很得意。

真正有智慧的人不会以自己的优势好勇斗狠，也不会自以为是，耍小聪明，更不会把自己的快乐建立在让他人陷入尴尬境地之上。

▪ 第二种:“抢答小能手”

比如，有人说:“你们看过《××××》电视剧吗？”

人家话音未落，便马上插话说:“我早就看过了，我知道有部电视剧比这部还好看，它讲的是……”

爱抢话的结果是: 第一，让对方感到自我表达受阻; 第二，让对方觉得自己不被尊重; 第三，让对方觉得你对他的事情根本没兴趣; 第四，让对方觉得你是一个以自我为中心、爱炫耀的人。

▪ 第三种:“非也”先生

“非也”先生与他人沟通的常见句式是:“不对，其实是……”无论别人说什么，他都能第一时间跳出来抬杠。

这种人最爱做的事情便是为了反驳而反驳，究其原因，就是为了体现自己的与众不同。

这种人看似很有想法，其实对事情往往没有独到见解，他的“观点”只是取决于对方的态度，然后进行反驳即可，只要能逞一时的口舌之快，在言语上赢了对方，其他都无所谓。

不能告诉他人的秘密

CC最近看起来好像很不开心的样子。她是不是有什么烦恼呀？

我不知道呀……

她肯定告诉你了。咱们都是朋友，让我知道也没什么吧，而且我肯定不告诉别人！

朱雀姐姐：

我闺密最近心情不太好，我和闺密有一个共同的朋友，她发现后就一直追问我发生了什么。我的确知道闺密不开心的原因，但我答应替她保守秘密。我纠结的是，我们三个关系都很好，我不知道该不该告诉这个朋友。

当朋友告诉你一个秘密，无论你告诉了一个人还是告诉了很多人，本质上都辜负了他对你的信任。那什么是秘密呢？

▪ 秘密是内心的脆弱

比如，有朋友告诉你：“我一直觉得没有人会真的喜欢我。”

▪ 秘密是生活中的难堪

比如，有朋友告诉你：“我不去参加聚会是因为我不好意思每次都让你们请客，可我又不愿意向家里多要零花钱，给本来就很辛苦的爸爸妈妈增加负担。”

▪ 秘密是生命中不可承受之轻

比如，有朋友告诉你:“我爸妈离婚时，他们都不愿意把我留在身边。”

秘密之所以被称为秘密，是因为我们不想让更多人知道，所以往往只会告诉我们最信任的人。但是如果我们最信任的人却把这个秘密当作谈资告诉了其他人，我们就不会再信任他了。

另外，秘密通常是非常隐私的事情，和朋友聊这些事情时，最好选择较为私密的场所，并且不要在有他人在侧的时候提及。

同理，如果你的朋友把秘密告诉了你，你也不能随意透露给其他人，不然你就会失去朋友的信任，甚至有可能从此以后你们再也做不成朋友了。

注意：如果你的朋友经常把别人让他保密的事情告诉你，那么他可能也很容易把你的秘密告诉其他人。

Chapter 3

解决矛盾

——对不起，没关系

朋友之间发生争吵怎么办？

你把窗户打开吧，快热死啦！

可是我刚跑完步，现在吹风很容易感冒啊！

可我热呀，我要开窗户！

你怎么这样呀！

朱雀姐姐：

今天跑完步回到教室，我和我的好朋友为开窗户的事情吵了起来。他想要开窗户，但跑完步后马上吹风真的很容易感冒。后来他不顾我的感受，强行打开了窗户，我们俩就吵了起来。现在我们俩谁也不理谁，我心里很难过，其实我并不想和他把关系闹得这么僵，可我不知道该怎么办。

朋友之间产生矛盾是很正常的事情，如果利用生活智慧解决矛盾，反而会让你们之间的感情变得更深厚。

▪ 不要站在道德的制高点

这样做不是让你委曲求全，而是换一种方式表达你的感受。

把“你怎么可以这样”“你怎么是这样的人”这种上升至道德层面的指责对方的话换成“这件事让我觉得很难过（或者其他情绪感受）”。

另外，你也可以尝试给对方一段时间冷静思考。矛盾产生的时候，我们的情绪往往会受影响，在这种情况下，我们有时可能会口不择言。其实，给对方时间冷静也是在给自己时间冷静。

世界上没有两个想法完全相同的人，但是可以有两个在乎对方需求和感受的人。

想一想，朋友和你吵架是真的想伤害你吗？

同时，对方存在的问题，或许你也有，所以在沟通的过程中可以向他表露你会改正的态度。

这里所说的沟通不是指泛泛地说:“我也有做得不好的地方……”而是要说得具体一些。比如，你因为朋友说了一些贬低你的话准备去和他沟通，此时你突然意识到自己也说过类似贬低他的话。那么，你可以这样说:“我以前也说过贬低你的话，你心里肯定不好受，以后我不会再说这样的话了。”

▪ 主动发起互动

虽然你和朋友争吵过，但或许你们早就不在意争吵的事情了，只是彼此都碍于面子不愿主动示好，都在等待时间将这次争吵带来的余波慢慢消散。

那么，不如我们主动发起互动吧！比如，约朋友一起去看电影，或者一起去吃饭，你们之间的友谊瞬间就重新回温啦！

▪ 说句“对不起”并不难

关于道歉，很多人会有“如果道歉我就输了”的心态。友谊不是比赛，主动道歉不会让你在这段友谊中“输”给对方。

如果的确是你做得不对，更要态度诚恳地向朋友道歉，让他感受到你的诚意，千万不要因为面子说“算我错了，行吧！”这样的话，而是要主动承认自己那些伤害到朋友的行为，并为之表达歉意。

你可以说：

“真的很抱歉，我当时没有考虑到你的感受。”

“对不起，我伤害到你了。”

“抱歉，我让你难过了。”

▪ 用正确的方式沟通

其实，大多数朋友间的争吵并非缘于你们的“三观”不合，如果你能换一种正确的方式沟通，很多矛盾自然迎刃而解。

比如，你希望朋友向你道歉，就可以明确地告诉他：

“你在班里笑话我脸上长痘痘，让我很尴尬，也很难过，我希望你向我道歉。”

再比如，关窗户这件事也有更好的解决方法，你可以说：

“为了开不开窗户这件事和你吵架，我心里很难受，因为你是我最在乎的朋友，我想我们可以找出比吵架更好的方式来解决这个问题。”

朋友之间沟通的时候需要注意以下几点：

1. 说出你的具体要求，比如希望对方道歉。如果你不说清楚自己的需求，别人不知道你想做什么。

2. 尽量客观地描述让你生气的原因，不要在其中夹杂指责对方的话。

3. 表达你的切身感受，比如尴尬、难过、生气等。

被朋友欺骗了怎么办?

你把教具摔坏了，老师知道了肯定会发火的。

现在班里就咱们两个人，只要我们不说，没人会知道。

这样不好吧……

朱雀姐姐：

今天吃完午饭，我和朋友回到教室里闹着玩，结果朋友不小心把教具摔坏了。因为当时教室里只有我们两个人，他希望我对这件事保密。可是其他同学看到我们俩先回的教室，就告诉了班主任。班主任问我的时候，我说“不知道”，可朋友却和班主任说教具是我摔坏的。班主任在班里批评了我，还让我赔偿教具。我现在心里很难过，我该怎么办呢？

世上的谎言分为两种，一种是为自己，一种是为他人。

▪ 善意的谎言

如果你的朋友为了顾及你的感受编出善意的谎言，那么他的目的不是想伤害你，而是在乎你，我们不该因为这样的“谎言”去指责朋友。比如，你买了一件不好看的衣服，当你穿着去问朋友好不好看时，他可能会说：“还不错，挺特别的。”

这就属于善意的谎言，他为的是顾及你的感受。

▪ 恶意的谎言

什么是恶意的谎言呢？就是对方明明知道这样做会伤害你，但为了一己私利还是做了。

比如，A 和 B 发生了矛盾，A 为了报复 B，就故意编造一些谎言，挑起你与 B 之间的矛盾，并让你和他一起排挤 B。

遇到这样的情况，我们可以和对方说："在我心中你是我非常信任的人，这次的事情让我非常难过，今后我们不要再欺骗彼此，好吗？"

或者这样说："我很信任你，这件事对我的伤害很大，我希望你能主动澄清这件事。而且今后也不要再做这样的事情了，这样做非常不好。"

如果 A 继续这样做，你就应该思考一下，这样的人适合做朋友吗？他会给你的生活带来正能量还是负面影响呢？今后他再这样做的可能性是大还是小呢？

朋友误会我了怎么办？

你为什么要骗我？

我骗你什么了？

你骗我什么你心里清楚！

我真的不知道啊！

你可真行，你要是不想和我一起玩就直说。

我真的没有呀！

朱雀姐姐：

我和朋友之间发生了一些误会。那天她约我出去玩，可爸妈让我陪他们去看家具。回来后，我碰到了另一个朋友阿非，就和她逛了一会儿街。

结果我们逛街时偶遇了我的朋友，她就误会我不想和她一起玩，于是非常生气。我现在该怎么办呢？

▪ 把事情解释清楚

当我们被朋友误会的时候，委屈、气愤可能是我们的第一反应。我们会想：“为什么你会这样想我？”“你竟然不信任我！”“难道在你眼里我是那样的人吗？”，等等。有时候，或许我们还会赌气，觉得既然对方这么不信任自己，那也没必要和他解释那么多，这样的朋友不要也罢。

但事实上我们要明白一件事，那就是你的朋友只是一个普通人，在他掌握的信息不够全面的情况下，对你产生误解是很正常的事情。

▪ 不要指责对方

或许我们对他人的伤害的确是无心之失，但是对方会因为这些无心之失而感到难过。如果我们说：“我不是那个意思啦，你干吗生气！”对方就会觉得你在指责他，反而更容易激起他的对立情绪。

我们可以这样说：“我知道你现在很生气，但关于这件事，有些情况我想和你说清楚。”

“我知道你现在很受伤，这件事让你这么难过我心里也很不是滋味，但希望你能听我把事情的缘由讲清楚。”

▪ 建立新的沟通方式

误会之所以会影响两个人的友谊，往往是彼此的沟通方式出现了问题。当误会产生时，一个不愿听解释，一个不愿去解释，两个人都被愤怒、伤心、委屈等情绪控制了大脑。

所以在解除误会后可以告诉对方：“以后咱们之间如果对彼此有意见别藏在心里，说出来可能会更好一些。”

朋友爱炫耀怎么办？

我这双鞋可是限量款。

是挺好看的。

那你也买一双呗，我看你每天都穿同一双球鞋。

我就是觉得还不错，也没有那么喜欢啦。

是不是你爸妈舍不得给你买呀？

不是啊，怎么会呢！

那你怎么每天都穿同一双球鞋啊？

朱雀姐姐：

我有个朋友特别喜欢炫富，天天把他爸妈多有钱挂在嘴边，每次买了新鞋子或新衣服，都要和我炫耀，还喜欢当着其他同学的面拿我做比较。我该怎么办呢？

他为什么炫耀

一个人喜欢炫耀，本质上是想抬高自己的“身价”。这是因为他的自我价值感比较低，所以才需要通过炫耀获得优越感，得到他人的认可。这样做真的能换来别人发自内心的认可吗？真的能提升自我价值吗？

答案自然是否定的。

即便有人因此去讨好他，和他做朋友，也是另有所图。因为真正的朋友不会因为他有一双限量款球鞋就和他做朋友，也不会因为他穿一双普通球鞋就看不起他。

喜欢炫耀自己的人，他的优越感往往不堪一击，因为他的优越感并非源于自我修养，而是自卑感作祟罢了。

▪ 我们应该怎么做

当你对朋友喜欢炫耀心有不满时，往往是出于两种原因。

第一种原因：对方拥有你没有的东西，因而产生了嫉妒心理；第二种原因：你不认可他这种“爱炫耀”的行为。

如果是第一种原因，首先，要明白我们想得到的东西一定是自己真心喜欢的或真心想要的，而不是因为别人有了，自己也必须拥有。

其次，只有通过努力得到的东西才有意义。

最后，如果因为得不到某个东西而感到痛苦，或者即使得到了却需要付出巨大代价，那都是不值得的。

如果是第二种原因，我们可以私底下告诉朋友：“的确，你在很多方面都比别人优秀，我也觉得你很优秀，但希望你今后不要拿我（其他人）和你做比较，这样的做法会让人很尴尬，也会让人心里很不舒服。”

同时，你还要考虑一下，你的朋友除了爱炫耀外，在其他方面你认可他吗？如果在很多方面你都不认可他，或许你们并不是真正的朋友，只是为了不孤单在一起玩而已。

朋友和别人说我坏话怎么办？

这次比赛输得真冤枉。

对呀，就差1分。

都怪××不传球给我，非要自己投篮，他的投篮水平他自己心里不清楚吗？！

对呀，这么关键的比赛他还逞能！

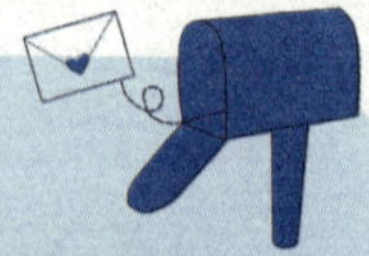

朱雀姐姐：

今天的篮球比赛我们输了，我的朋友觉得输掉比赛是我的责任，我还听见他在背后说我的坏话。

我现在心里很乱，我该怎么办呢？

当朋友在背后说你坏话时往往是出于这样两种原因。

▪ 抱怨

可能你们在相处过程中发生了一些矛盾，他不知道该如何处理这些矛盾，所以就和别人抱怨。

如果的确是你在某些方面做得不够好，你可以先和朋友解决这些矛盾，然后告诉他："如果你对我有什么不满可以当面告诉我，不要在背后和其他人抱怨，这样我会感到很受伤。"

▪ 故意污蔑

如果你的朋友在背后故意散播一些子虚乌有的消息来贬

低你或嘲笑你，即便你把他当成最好的朋友，他心中却没有把你当作朋友。

对于这样的朋友，和他讲道理、争对错没有意义，还是远离这种人吧。

虽然他可能是你为数不多的朋友之一，刚开始疏远他的时候，难免会有些不适应，这时要提醒自己，你不需要一个会贬低自己的朋友。同时，你可以增加和其他同学的相处时间，结交一些新朋友。

Chapter 4

友谊需要呵护

——你与我的边界

朋友和别人更亲近了怎么办？

你周末有什么安排呀？

包包说他想去玩剧本杀，你要不要一起去呀？

那你和他去玩吧，我就不去了。

你怎么不来呀，咱们一起去玩吧，他真的挺不错的！

不想去，你们去吧。

朱雀姐姐：

我的朋友在兴趣班认识了隔壁班的包包，最近他们俩走得非常近，天天在一起玩。原来我一直以为我是朋友心中最重要的那个人，但没想到在他心里我没那么重要。我该怎么办呢？

每个人都是独立的个体

即便是关系再亲密的朋友，两个人也是独立的个体，我们不能干涉对方交友，这是他的自由。而且个人自由和亲密关系是不冲突的，如果你们是真正的朋友，即使他去了千里之外的异地他乡读大学，在学校里又有了新的朋友，也不会影响你在他心中的地位以及你们之间的感情。

另外，如果对方真的不想再和你做朋友了，也没必要强求。在人生的长河中，来来往往的人很多，我们应该从内心感谢他们曾经的陪伴，感谢他们为我们留下了许多美好的回忆。

▪ 和别人走得近，不代表和你离得远

人的一生中，在不同时期、不同地方会结交不同的朋友。

比如，去外地读书时，你可能会和学校里的朋友走得更近些；假期回到家后，你会和从小一起长大的朋友天天腻在一起；出去旅行时，又认识了志趣相投的朋友，大家一起纵情山水，远离城市的喧嚣。

当我们和某些朋友走得近、聊得多时，其他朋友在我们心中就不重要了吗？

关于这个问题，我们没有必要为自己在朋友心目中的位置而一争高低，只要彼此在乎对方，相处时感到快乐，难过时愿意相互倾诉就足够了。

朋友总让我做我不喜欢的事怎么办？

在不在？在不在？能出来玩吗？

唉，我就知道你出不来。你总是不靠谱。

我不可能每次都按你的计划来呀，而且之前你叫我出去玩，我都去了呀！

朱雀姐姐：

昨天朋友叫我出去玩，因为我不想去，就没有回复她，她就生气了。唉，她平时就挺强势的。后来我和她解释了不能出去的原因，可她和我说话还是阴阳怪气的。结果我就被气哭了，妈妈问我为什么哭，我也说不清楚。我该怎么办呢？

或许你的眼泪并不是因为生气，而是因为陷入了一个困局，你既不想去做那些你不愿意做的事情，又怕拒绝后对方会不高兴，甚至担心被排挤。

假如你有这些担忧，下面这些建议或许对你有所帮助。

▪ 坚持原则

当对方很强势甚至有些不讲道理的时候，如果你表现出立场不坚定，他就会觉得你很好摆布，从而更变本加厉地逼迫你去做那些你不愿意做的事情。

所以，在这种情况下，无论对方如何胁迫，你都要语气坚决（但不必到愤怒的程度）地告诉他：

“我不想。”

“我不想这样。”

“我不喜欢。”

“我有我的安排。”

只有让他感觉到你的坚定态度，让他明白你不是一个任由他人摆布的人，他才不敢在背后说你的坏话甚至排挤你。

▪ 巧妙地拒绝

如果对方的态度并非咄咄逼人，那么你拒绝的时候语气可以温和一些，但态度还是要坚决。

关于拒绝的原因，如果找不到合适的理由，可以直接说自己不喜欢。如果对方再次要求，继续态度坚决地告诉他：“我真的不喜欢。”

比如：

对方想让你帮他写作业，你可以这样说：“不好意思，这件事儿不行。”

对方总想让你听从他的安排，你可以这样说：“今天我不想去滑冰了，我想去爬山。”

朋友总想占小便宜怎么办？

你借我的钱什么时候还给我呀？

我说会还就会还，你还信不过我吗？

主要是最近我的零花钱也不多了……

咱们还是好姐妹呢，天天追着问，我又不是不还你！

朱雀姐姐：

我把存的零用钱借给了朋友，可他一直拖着不还，还说我斤斤计较。我真的不是一个斤斤计较的人，平时我们一起出去玩，每次都是我买饮料。我现在该怎么办呢？

▪ 迫于无奈“占便宜”

如果对方家庭条件不太好，平时你请客稍微多一些，那么作为朋友就没必要太计较。你还可以在自己能力范围内给予对方一些帮助。

▪ 认为占便宜很合理

一些爱占便宜的人往往会使自己占别人便宜的行为“合理化”。

比如，他怕你发现他爱占便宜，会刻意在你面前树立无私、仗义地帮助别人的形象，把“我借给朋友钱的时候，从来不会去找他们要”“朋友之间就不该斤斤计较”“兄弟之间不分你我”等话挂在嘴边。

在这个“标杆”下，对他来说一切都是无关紧要的事情，他就不必产生负罪感，更无须回报——因为他是“不斤斤计较”的人，他这么要求别人也没什么不对。

想要跳出这个逻辑陷阱，不被道德绑架，你需要做的就是看他是否真正言行合一。

如果他总是说得很好听，实际上总在占你的便宜，你可以这样对他说：

“虽然你认为朋友之间不分你我，但我觉得更应该亲兄弟明算账。”

“我觉得在钱这件事上不清不楚会更伤感情。”

“我觉得朋友之间还是‘AA 制’比较好，毕竟我们现在都是学生，花的是家长给的钱，拿父母的钱去装大方不好。”

好朋友不愿我结交新朋友怎么办？

我们等一等球球吧，他搬到我们小区了，周末时他跟我说，以后想和咱们一起上下学。

为什么要和他一起上下学呀？我和你才是好朋友，他掺和进来干吗？

啊？可他也是我的朋友呀！

你什么意思，他是你的朋友，那我算什么？

你也是我的朋友呀。

可我只把你当朋友。

但我不能不交其他朋友吧？！

那你在这里等他吧，我自己回家！

朱雀姐姐：

我有一个朋友，他对我非常好，平时很关心我，把我当成他最好的朋友。但他总是干涉我交其他朋友，希望我只和他一起玩，这让我很困惑。我该怎么办呢？

在一段友谊中，如果任何一方占有欲太强，反而会让这段友谊变得沉重，破坏友谊的美好。

如果你的朋友不希望你再结交其他朋友，我们可以这样做。

▪ 帮助他认识更多朋友

如果他只有你一个朋友，当你结识新朋友的时候，他的不安全感就会非常强烈，这会激发他的占有欲。如果你能帮助他结识更多的朋友，建立一个健康的友谊圈，就能让他逐渐树立对友谊的正确认识。

▪ 不要一味地迁就他

虽然结交新朋友会让他感到伤心，但是一味地迁就他只会让你们之间的友谊变得越来越不健康。

你可以和他说：

“你是我很重要的朋友，我也很喜欢和你一起玩，但是我也需要结实其他朋友。”

“我们是非常要好的朋友，对彼此来说都非常重要，但我们也需要结交其他朋友，这样才能让我们的生活更有趣。”

“你对我来说很重要，但友谊不应该是占有，每个人都有结交朋友的自由。”

我们可以按照自己的意愿结交新朋友，只需注意不要过于频繁地和老朋友聊关于新朋友的话题。

▪ 当断则断

如果他的占有欲十分强烈，甚至对你结交其他朋友做出一些过激的行为，那么这样的朋友当断则断。

试一试

真正的朋友不会做的事情:

1. 要求朋友必须按自己的喜好去穿衣打扮;

2. 要求朋友只能有自己一个朋友;

3. 要求朋友必须听从自己的安排;

4. 要求朋友必须把所有的时间都留给自己。

在下列横线上补充你认为真正的朋友不会做的其他事情。

朋友不把心事告诉我怎么办？

你最近是不是有什么心事呀？

还好啦。

但我看你总是心事重重的。

嗯，是有些事情。

什么事呀？

我不想说。

是因为我哪里做得不好吗？

不是的，和你无关。

那你为什么不告诉我呀？

真的没什么。

朋友之间还有什么需要保密的吗？

真的没事，你别担心。

朱雀姐姐：

我的朋友最近心里好像藏着什么秘密，但无论我怎么问他，他也不肯和我说。他是不是没有把我当朋友呀？

不是所有的秘密都必须分享

很多时候，即使是再好的朋友，有些秘密也只能独享，而不能分享。所以，不告诉好朋友自己的秘密并非是对友谊的质疑或背叛哦！

▪ 陪伴比安慰更重要

如果好朋友暂时不愿意说出心事，你不要为了帮助他疏解情绪，而急于让他吐露心事，这时你应该做的是陪伴，陪伴更容易使人情绪放松。

▪ 做他坚强的后盾

如果你的朋友心事重重，郁郁寡欢，甚至有了一些极端的想法，这时你要做他坚强的后盾，让他感受到生活的美好。

你的温暖会让他觉得自己并不孤独，有人在乎他，有人关心他，有人在他处于人生低谷时会支持他，有人在他失落的时候会陪伴他。

试一试

你知道如何让朋友感受到温暖吗？在下方横线处补充上你的想法吧！

1. 在他难过的时候递过去一杯热奶茶。
2. 赞美他的歌声、文笔、球技、性格等。
3. 为他做一份写着他名字的甜点。
4. 陪他逛街。
5. 邀请他去你家里玩。
6. 在他诉说心事时轻拍他的肩膀安慰他。
7. ____________________
8. ____________________
9. ____________________

Chapter 5

我们相似又不同

和朋友的观点不同怎么办？

你模拟考试考得怎么样？

还不错，你呢？

一般。唉，考试消磨我的才华与个性，除此之外还有什么作用呢？

可是如果没有考试制度，那人们会更加受制于出身，改变命运就更难了。

朱雀姐姐：

我和我的一个好朋友平时相处得很好，但遇到事情时很多观点不太一样。朋友之间不是该像钟子期和俞伯牙一样心心相通吗？

遇到事情时两个人若是观点相同，那真是很难得，但如果所有的观点都一致，一定是有一个人在迎合对方。很多人渴望他人与自己观点一样，除了希望有人与自己产生共鸣外，心中还有一种隐藏的控制欲，希望通过这种方式得到别人的认可。

但如果这种控制欲过于强烈，很容易让人避而远之。若能放下这种控制欲，即便双方观点不同，也可以采用适合的处理方式让彼此相谈甚欢。

▪ 求同存异

朋友之间可以聊的话题很多，如果对一些事情看法不一样，那就不要聊这些事情，聊一聊你们观点相同或相似的话题。但如果事事看法都不一样，那你们也没必要继续聊下去了。“知我者谓我心忧，不知我者谓我何求。”即使你说得再多，他也无法与你产生共鸣。

■ 异中求同

不知你是否发现，当你和朋友因为一些事情发生争执时，如果去掉事物的外饰，还其本质，你和朋友热爱、渴望、痛恨的往往是相同的事情。而你们之所以观点“不同”，可能只是人生体验不一样罢了。与其争吵，不如在探讨问题时发现彼此共同认可的观点，异中求同也是让友谊升温的好办法。

■ 静静听完

无论朋友的观点是否正确，请先给他说话的权利。

你可以等朋友表达完自己的观点后和他辩论，但不要在他还没有说完的情况下急着打断他的话。

这样做既是对朋友的尊重，也可以避免他还没有完全表达出自己的观点，就被你先入为主地将其归入“愚蠢”的行列。

朋友的兴趣爱好和我完全不同怎么办？

过两天有个画展，咱们一起去看吧！

我看不懂那些画，感觉好没意思啊！不如我们一起去玩卡丁车吧！

卡丁车的汽油味太大了，玩过之后浑身都是汽油味。

好吧，那我们还是各玩各的吧。

朱雀姐姐：

我和好朋友之间几乎没有什么共同爱好，他静若处子，我动如脱兔。朋友之间不是应该有相同的爱好吗？像我们这样性格完全不同的两个人能产生真正的友谊吗？

朋友之间或多或少都会有不同的兴趣爱好，这也正是交朋友有意思的地方。如果我们一直待在自己的世界里，可能会错过很多有意思的事情。

▪ 爱好不同也可以成为好朋友

具有共同的兴趣爱好只是能否成为好朋友的因素之一，更重要的还是看彼此之间是否互相信任、互相理解、互相支持、合作默契等。

有时兴趣爱好不同，在交往中反而能产生更多创意呢。比如朋友喜欢画画，你喜欢写小说，或许平时通过互动，可以帮助你在小说中更好地塑造一个画家的形象。

▪ 列出爱好清单

你可以回想一下，在你朋友的那些爱好中，有哪些是你尝试过的，哪些是你没尝试过的。比如，尝试过的狼人杀、插花、陶艺、篮球等，没有尝试过的剧本杀、桌球、卡丁车、画画等。

你可以从没有尝试过的清单中选择一个最不排斥的项目去体验。因为没有尝试过，刚开始时你可能只是凭感觉，但也许尝试之后你会喜欢上它，你会发现朋友的爱好帮你打开了一扇新世界的大门！

至于那些曾经尝试过，但当时不太喜欢的项目，有机会你可以再和朋友一起尝试一下，因为有些项目和不同的人一起玩，感受会大不相同。

▪ 尝试你们都没有做过的事情

除了尝试那些你们原本都喜欢做的事情，也可以一起尝试一些你们之前没做过的事情。或许某件事情就会成为你们共同的爱好哦！

需要注意的是，不能强求对方必须去尝试。你可以提议尝试某些活动，但不要试图控制对方，让他必须听你的，否则会让对方产生抵触心理。

朋友比我优秀怎么办？

听说你当文学社的社长啦？没想到你数理化那么好，文笔也这么好。

还好啦。

你不是还要去参加化学比赛吗？忙得过来吗？

应该不会有什么影响。

朱雀姐姐：

我有一个好朋友特别优秀，除了学习成绩特别好，人也长得漂亮，家庭条件也很好。我真的不想嫉妒她，但有时候会不由自主地产生嫉妒心理。我知道作为朋友这样很不好，但我控制不住自己。我该怎么办呢？

你能和这么优秀的人做朋友，说明你也一定非常优秀！

当你看到朋友各方面都很优秀的时候，心中有些嫉妒是正常的，但不能因为嫉妒去做伤害朋友的事情，而要将嫉妒转化成自己前进的动力。

▪ 优秀的人在身边

当优秀的人距离我们很遥远时，我们就会把他们当作偶像；当优秀的人距离我们很近时，我们会拿他们和自己做比较。

其实，优秀的人在我们身边，尤其是还能和我们做朋友，这本身就是一件美好的事情。我们可以把他当作偶像，近距离地学习他身上的优点，或许有一天我们可以通过努力超越他，这也是一种收获！

▪ 友谊的本质不是比赛

如果在一场运动会中你和朋友成为对手，赛场上你们可以互不相让，争个痛快。但到了场下，不要忘记转换回你们之间的朋友身份。

不要忘记，朋友是给彼此带来爱与温暖的人，你们之间的情谊比输赢更重要。

▪ 每个优秀的人都很努力

很多时候，我们容易把朋友的优秀归结到“出身”“天赋”“运气”等方面，但不可否认的是，绝大多数优秀的人的确更努力。所以，嫉妒并不能改变对方优秀的事实，只会显得自己心胸狭隘。与其这样，不如付出努力，提升自我，让自己也变得优秀。

▪ 发现你的价值

或许在某些方面你的朋友的确比你优秀，但“天生我材必有用”，其实你身上也有闪闪发光的东西等着他发现呢。

去寻找这些价值、挖掘这些价值吧！

试一试

按照下面的示例，写出你朋友的优点以及你可以做出的努力吧！

朋友的优点	我可以做出哪些努力，变得像他一样优秀
歌声动人	1. 虽然我有点五音不全，但是有舞蹈天分，我要好好学习舞蹈。 2. 通过学钢琴，提升自己对音乐的感知能力。
数学成绩满分	1. 虚心向他请教学习数学的方法，有不会的题及时问他。 2. 对于我擅长的科目要变得超级厉害！
皮肤白皙	1. 注意防晒。 2. 多进行仪态形体训练，“黑妞”也可以很有气质。 3. 练习排球，培养我的健康美。

朋友总是模仿我怎么办？

这不是前两天我穿的那件衣服吗？你怎么也买了这件衣服呀？

我看你穿着很好看，所以也去买了一件。咱们改天一起穿“闺蜜装”，你说是不是很棒！

好吧……

朱雀姐姐：

我有一个朋友，她总爱模仿我，我剪什么发型，她就剪什么发型；我买什么衣服，她也要和我买同款。我真不知道她怎么想的，也不知道该怎么和她说，我并不喜欢这样。

▪ 我们为什么会模仿别人呢

当我们喜欢一个人的时候，就会有意去模仿对方，包括说话的语气、用词，以及喜好、装扮等，尤其是相处久了，习惯和品位更会相互影响；当我们羡慕一个人，想成为他的时候，也会刻意模仿对方。所以，他不是为了和你较劲才模仿你，而是认为你非常优秀。如果你并没有那么讨厌被别人模仿，就不必太介意，毕竟他是在认可你的魅力。况且，你的特别之处不是别人通过模仿就能替代的。

▪ 如果不喜欢朋友模仿怎么办

如果不喜欢朋友模仿你的话，你可以把自己的想法明确地告诉他。比如，朋友买了一件和你一模一样的衣服，你可以提醒他："可能你真的很喜欢这件衣服，但两个人穿得一模一样会让我觉得怪怪的，以后咱俩尽量别穿一样的了。"

■ 恶意模仿

如果对方是带有嘲笑意图在大庭广众之下模仿你说话的样子，那么你就有必要很严肃地告诉他：

"我很不喜欢你这样做，这样会让我很尴尬、很不舒服。"

"这样让我觉得你是在取笑我，以后不要这么做了。"

"虽然你可能觉得没什么，但我觉得很不被尊重，以后不要这么做了。"

如果对方一意孤行，依旧经常恶意模仿你的行为举止，你就应该慢慢远离这种不懂得尊重他人的人。

朋友和我暗恋同一个人怎么办？

你觉得隔壁班的班长怎么样？

他学习好，人也很阳光，我还曾看到他背着腿部骨折的同学上下楼呢。

嗯，我觉得我喜欢上他了。

啊？真的吗？

当然是真的，骗你干吗！

朱雀姐姐：

昨天我的好朋友告诉我，她暗恋隔壁班的班长。其实我很早就开始暗恋他了，我一直没好意思把这个秘密告诉我的好朋友。现在我知道她和我暗恋同一个人后，我要不要告诉她呢？

其实，很多时候我们根本不了解我们暗恋的人，只是把心目中的完美形象投射到了他/她身上而已。所以，为了一个我们根本不了解的人和好朋友闹翻就很不值得了。

▪ 坦诚地告诉朋友

与其将秘密藏在心中，不如大大方方地告诉你的朋友。同时也可以问一问他的想法，然后商量出一个你们都认同，且不会破坏你们之间友谊的处理办法。

Chapter 6

关于友谊，或许你还有这些困惑

不喜欢的人想跟自己做朋友怎么办？

听说你也喜欢画画，我知道有个画室的老师教得特别好，咱们一起去看看吧！

我已经报过名了，那个画室的老师教得也很好。

你去的哪个画室呀？我也去那里吧。

叫阳光画室，不过离你家比较远。

没事，我骑自行车去，就当健身啦！

朱雀姐姐：

有一个我不太喜欢的同学一直想和我做朋友，他经常下课找我聊天，放学后还约我一起出去玩。最近他听说我喜欢画画后，还想和我去同一个画室学画画。可我一点儿也不想和他做朋友，我该怎么办呢？

当你还不太了解对方的时候，可以先接触一下，或许你会发现他是一个不错的朋友呢。

但如果对方做的一些事情让你很反感，或者你觉得对方人品有问题，或者你的直觉告诉你和他接触有危险，这时你可以拒绝对方的示好。

下面我们来聊一聊拒绝对方示好的方法吧！

▪ 刻意远离

通过刻意的远离，让你们之间的关系仅仅停留在同学关系的层面，并让对方感觉到你并没有想和他深交。比如，不接话茬儿、不接受邀约、找借口离开等。

■ 明确拒绝

如果对方不识趣，在你多次刻意远离后依旧想和你一起去食堂吃饭、找你聊天、约你周末一起出去玩等，那么你就要明确地告诉对方:“抱歉，我和你只是普通的同学关系，我不太喜欢和你一起玩。”

如果对方做出了尾随你回家、对外声称你们是好朋友、将你们的照片合成在一起等过激行为，那么你就要在其他朋友的陪同下当面告诉对方:“我和你不是朋友，以后请离我远一些，不要骚扰我。”并且将这件事告诉父母或者老师，让他们陪你一起回家。如果对方通过微信、电话等方式骚扰你，可以告诉父母，并将他的联系方式删除。

朋友被霸凌了怎么办？

我不小心惹了隔壁班的阿壮，他说让我最近小心点儿……

你怎么招惹他了呀？

我都不知道我做错了什么，我现在好害怕啊！

朱雀姐姐:

最近我的好友“惹”了隔壁班的阿壮，阿壮在学校里一直横行霸道，我也有些怕他，不过我也不能眼睁睁地看着好朋友被人欺负。我该怎么办呢?

虽然害怕，但还是鼓足勇气来保护自己在乎的朋友是非常棒、非常勇敢的行为!

霸凌行为包括肢体暴力、语言暴力、排挤、散播谣言、毁坏财物等。

当我们的朋友遇到校园霸凌时，我们可以通过以下几种方法帮助他。

▪ 不要让他落单

平时尽量叫上几个同学与他同行，无论是在校内还是校外，都不要让他落单。那些霸凌者往往色厉内荏，当看到你的朋友身边有三五好友，他就不敢轻举妄动了。

▪ 做他的保护者

成为朋友的保护者，不仅可以帮助朋友走出被霸凌的阴霾，还可以让那些霸凌者知道你很勇敢，根本不害怕他们，他们就不敢把你的朋友当作霸凌的目标了。

行为上的保护

当霸凌者还未升级到暴力行为，你可以尝试帮助朋友离开，比如，对朋友说:“班主任正找你呢，让你赶紧过去。”

你的朋友在教室、操场等公共场合，霸凌者手中没有危险器械，且在自身安全得到保障的情况下，你可以把朋友拉到身后，并告诉霸凌者老师马上就要过来了。

在校外或者老师、家长不在的情况下，如果霸凌者正在对你的朋友实施暴力，你可以这样做:

1. 一边拉着朋友逃跑一边拨打 110 报警电话。

2. 给父母打求救电话。

3. 给班主任或其他老师打电话。

4. 躲进附近的超市里。

5. 拉住一位成年人寻求帮忙。

言语上的保护

如果霸凌者说:“你别开不起玩笑。”你可以说:“你别欺负人。”或“被开玩笑的人觉得好笑才算玩笑。”

如果霸凌者说：“我只是开玩笑啦。”你可以说：“我们并不觉得好笑。”或“你这是在欺负人。”

如果霸凌者说：“都没人愿意理你。”你可以说：“他有真心要好的朋友，所以才不会像你这么无聊，到处欺负人。”

如果霸凌者给你的朋友起了难听的外号，你可以说：“欺负人让你很有‘成就感’吗？”或“你可真无聊。”

如果霸凌者四处散播关于你的朋友的流言蜚语，你可以说：“你有没有想过，你这样说三道四很不道德。”或“三人成虎，你听到的传闻就是真的吗？”

但要记住，不要说脏话，不然会让霸凌者觉得他对你的攻击起了作用。

同时，和霸凌者说话时语气上要带着一丝不屑，眼神中透露出“你好无聊”，然后彻底无视他，和其他同学一起用“懒得搭理你”的态度离开，让他觉得自己的行为很愚蠢。

▪ 提醒他告诉家人和学校老师

在察觉到朋友可能被霸凌的情况后，有必要提醒他将事情告诉父母和老师，这样才能更好地避免霸凌者的暴力行为升级。

▪ 帮助他变得更强大

可以和朋友一起报一个武术班或者跆拳道班。当然，这样做并不是让你们也成为用武力欺负他人的施暴者，而是让你们面对霸凌者的时候可以减少内心的恐惧感。

朋友喜欢欺负人怎么办？

我觉得阿勇应该叫阿怂，我就往他杯子里放了个蜘蛛，看把他吓得脸都绿了。哈哈哈哈——

这样做不好吧……

有什么不好的，谁让他爱跟老师打小报告。他再这样，我有的是方法收拾他。

原来是这样啊……

朱雀姐姐：

我的朋友平时喜欢欺负人，比如前两天他往同学的水杯里放蜘蛛，我告诉他这样做不好，可他却说我是个“怂包”。我该怎么办呢？

无论他欺负人的理由是什么，欺负人就是欺负人，都不是他打着正义的幌子去行不义之事的理由，劝告他不要在错误的道路上越走越远。

▪ 别成为讨好者

因为你把他当作朋友，所以可能会不自觉地想获得他的认可。在这种情况下，或许你也会模仿他的行为，去欺负他人或者协助他欺负他人。

这种通过伤害别人讨好朋友的友谊是非常不健康的，不要抛弃你心中的做人底线与良知。

▪ 告诉你的朋友这是错误的行为

或许你的朋友爱欺负人是他还没有意识到这样的行为会对他人造成伤害。因为有可能在他的成长环境中，他经常目睹这样的事情或者他自己就经常被这么对待。作为朋友，你有必要这么做:

1. 关心他的生活与内心世界。

2. 告诉他被霸凌者的感受。

3. 告诉他“没有人应该被这么糟糕的对待”。

4. 帮助他寻找正确的方法体验优越感。

▪ 朋友不止一个

喜欢欺负他人的人往往表面上比较强势，哪怕你们看起来是朋友，经常一起行动，但相处的时候，他可能会对你百般挑剔、出言讽刺等。如果你经常被他这样对待，千万不要质疑自己:“我是不是不够好。”“我是不是做错了什么。”“难道我真的很讨厌吗？”

即使你们只是普通同学，他也不该用这种不尊重人的态度和你交往，况且你们是朋友，就更应该相互帮助、相互包容，善意地对待彼此。

你值得拥有一个善意、友好、真诚的朋友。

朋友和别人闹翻了怎么办？

我知道你在背后说我的坏话，
咱们寝室的人都跟我说了！

我没说过，你别无理取闹。你听谁说的？

你别管我听谁说的！

朱雀姐姐：

我的朋友和班里的同学闹矛盾了，当时我的脑子里一片空白，站在旁边没有说话。虽然后来朋友没有提及此事，但我还是觉得很不好意思。我不是不想向着朋友说话，只是我很不善于处理这样的事情。我想问问您，我该怎么办呢？

▪ 阻止情况恶化

当你的朋友与其他同学发生矛盾，并且你朋友情绪比较激动时，如果当时你在他身边，你可以帮助他说出生气的原因以及他的诉求。

比如，你可以这样说：“他因为听到你在背后说他坏话，所以希望你向他道歉。”

当你的朋友在教室或者操场与其他同学发生矛盾时，为了避免事情愈演愈烈，你可以和他说：

“等会儿私下和他说吧，现在这么多人，吵起来不好。”

当你的朋友与其他同学发生矛盾，对方有错在先却说话咄咄逼人时，你可以指出对方无理之处，并要求对方向你的朋友道歉:“你弄坏他的书，他让你赔是理所应当的，你却到处说他斤斤计较，现在又不肯承认自己不对。既然做错了事，道歉有那么难吗？”

当你的朋友在校外与他人发生矛盾并且对方人多势众，有可能对你们的人身安全造成威胁时，你可以告诉对方，你们已经或者马上报警，让警察来处理，并提醒对方你家就在附近，并且周围有摄像头。

当你的朋友与对方发生矛盾，并企图通过暴力手段解决问题时，你可以拉住他说:“没必要和他动手，现在是我们占理，动了手我们反而理亏了。”

▪ 理解朋友的情绪

在你的朋友和他人发生矛盾后，无论是谁的错误，都不要立刻指责朋友或和他讲大道理。这时候，他最需要的是你的理解。

我们可以不去评论事情的对错或者非要向着谁说话，但你可以说:

“当时你肯定很生气吧？”

“的确挺让人委屈的。”

“那时你肯定很难过吧？”

“当时如果我在你身边就好了。”

“来，先喝杯奶茶吧。”

▪ 帮助朋友寻找解决的办法

当朋友与他人发生矛盾后，你可以先和朋友沟通，并通过观察了解他的诉求，比如，可以这样说：

“这件事你想怎么解决呢？”

“你是希望他跟你道歉吗？”

“你是想私下再和他聊聊这件事，把事情说清楚吗？”

“我看他也并不想和你闹翻，要不要找机会大家一起聊聊？”

了解朋友的想法后，如果他需要，你可以当中间人，帮助他们和好。

当然，如果对方蛮不讲理，也没有想和你的朋友和好的意愿，那就避而远之吧。

朋友太爱抱怨了怎么办？

唉，好烦呀！

天天发这么多卷子，谁写得完呀！

最近我的同桌和我说话阴阳怪气的，他以为他是谁呀！

他还老学我发朋友圈，真是个“学人精”。

我怎么这么倒霉，和他成了同桌，想到还要做那么久的同桌我就烦。

喂，你怎么不回我消息呀？

人呢？人呢？

嗯，我在呢。刚刚在写作业呢。

哦哦。

我和你说，前两天他才气人呢……

朱雀姐姐：

我有一个朋友特别爱抱怨，作为朋友应该倾听，但是我现在听到他说的那些让人扫兴的话真的很烦。我该怎么办呢？

▪ 告诉对方你的感受

很多时候，抱怨听得多了，我们就会本能地回避对方，不愿意和他对话。其实，面对朋友的抱怨，你可以在心力交瘁前将你的感受用不会伤害对方感情的方式告知他。

比如:

“这些事的确让人很难受，作为朋友，我肯定站在你这边。但是希望你能理解，这些让人难过的事情听得多了，我的心情也会变得很低落，并且很长时间都无法恢复。所以，希望咱们在一起时，多聊一些开心的事，多做一些开心的事，好吗？”

▪ 找到其他发泄情绪的方式

抱怨是发泄情绪的方法之一，你的朋友经常抱怨，或许是因为他不懂得其他发泄情绪的方式。

这时候，你可以建议他采取其他方式发泄心中的不满，比如，跑步、跳舞、游泳、打篮球、爬山、在空旷的地方呐喊等。

需要注意的是，这些方式要避免对他人的生活造成影响。

▪ 帮他忙起来

通常人们越闲的时候抱怨越多，如果你能帮他忙起来，他的抱怨或许会随之减少。比如，我们可以和朋友一起做一些有意义的事情:

1. 一起参加社团活动;

2. 一起参加读书会;

3. 一起制订学习计划;

4. 一起参与志愿者活动;

5. 一起帮助班级中需要特殊照顾的同学;

6. 帮朋友发现其擅长的事情;

7. 一起参加社会实践活动;

8. ____________________

9. ____________________

10. ____________________

在横线处补充上你的想法吧!

▪ 帮助朋友找到解决问题的办法

如果你的朋友抱怨的事情可以很快找到解决办法，那么你可以帮助他一起寻找答案。

比如，朋友的学习成绩不好，一直抱怨自己被父母批评，你可以这样做:

1. 教他一些学习方法。

2. 帮助他补习功课。

3. 帮助他制作错题集。

4. 帮助他制订合理的学习计划。

如果朋友经常和他人发生矛盾，总是不停抱怨，你可以这样做:

1. 教朋友一些处理矛盾的方法。

2. 言传身教，让朋友在与你的互动过程中习得解决矛盾的方法。

3. 送给朋友情绪管理方面的书籍。